Títol original: *Maisy Goes to Hospital*.
Editat originalment el 2007 per Walker Books Limited, Londres.
Text i il·lustracions © 2007, Lucy Cousins.
Traducció © 2007, Jordi Pujol i Manyà.
Aquesta edició © 2007, RBA Libros.
Pérez Galdós, 36. 08012 Barcelona.
Telèfon: 93 217 00 88 / Fax: 93 217 11 74.
www.rbalibros.com / rba-libros@rba.es
Diagramació: Editor Service, S.L.
Realització editorial: Bonalletra, S.L.

Primera edició, maig de 2007.

Es reserven tots els drets. Cap part d'aquesta publicació no pot ser reproduïda,
emmagatzemada o transmesa per cap mitjà sense permís de l'editor.

Ref: SMYC059
ISBN: 978-84-7871-871-9

La Maisy va a l'hospital

Lucy Cousins

serres

La Maisy salta al llit elàstic. Li agrada saltar molt amunt.

Oh, no!

La Maisy ha caigut.
S'ha fet mal al peu.

Pobre Maisy...

En Nil acompanya la Maisy a l'hospital.

És la primera vegada que la Maisy va a l'hospital.

"T'hem de fer una radiografia", diu el doctor Ànec.

La Maisy se sent estranya, lluny de casa.

Troba molt a faltar els seus amics.

Arriba l'hora de marxar, i la Tula escriu el seu nom al guix de la Maisy.

"Ja pots tornar a casa, Maisy", li diu el doctor Ànec.

"Però res de llits elàstics, d'acord? Torna d'aquí unes setmanes i et treurem el guix."

Abans d'anar-se'n,
la infermera Flamenca
ensenya a la Maisy a
caminar amb les crosses.

En Nil ve a buscar la Maisy per portar-la a casa. La Maisy s'acomiada del seu nou amic: "Adéu, Ruquet. Recupera't aviat".